거꾸로 도는 아침

VOICEYE

Over a Wall
Poetry
23

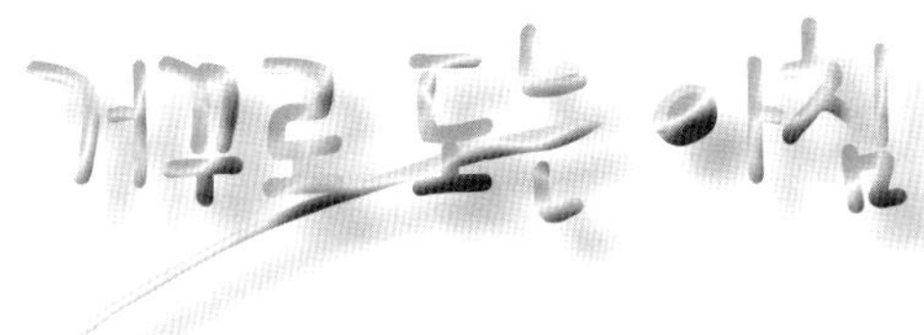

강돈희 시집 6

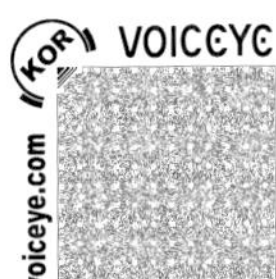

—인사말—

좋은 시 많아서 좋은 세상

좋은 사람 많아서
좋은 시 많아서
좋은 거 너무 많아서

5집에 실었던 '좋은 세상' 이라는 시입니다.
좋은 시 많아서 좋은 세상이라는 생각을 했습니다.
좋은 시 많아서 좋은 세상이라는 생각을 하며 삽니다.
좋은 시로 좋은 세상 만들어준 시인들에게 감사하며 삽니다.

좋은 시들을 찾아 읽으며 즐겁고 행복했습니다.
부족한 시지만 제가 시를 쓰는 이유이기도 합니다.
시를 쓰는 건 시를 읽는 일보다 분명 더 짜릿한 일이니까요.

좋은 시를 찾아 떠나는 여행을 멈추지 않을 것입니다.
좋은 시를 더 많이 만날수록 제 삶이 더 향기롭고
더 아름다워질 것이 틀림없기 때문입니다.

겨울 같지 않은 겨울이 이어지고 있습니다.
늘 건강하시길 바랍니다.

고맙습니다.

2016. 01. 03.
날 좋은 겨울날, 소담한 함박눈을 그리며 채선당에서
강돈희

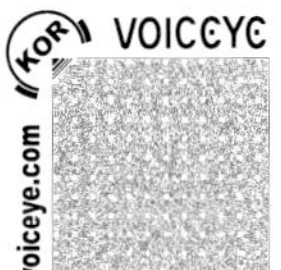

차례

—인사말—

—1부 거꾸로 도는 아침—

—2부 부서진 가을—

차례

—3부 말하지 않아도—

—4부 미지근한 하루—

막지 못하는 방패도 있고

찌르지 못하는 창도 있다는 것을

우리 이젠 인정하며 살자

모든 것이 완전하고 완벽할 수는 없다는 것을

1부

거꾸로 도는 아침

억지로

떠지지 않는 눈을 억지로 뜨고
움직여지지 않는 몸을 어거지로 움직여
겨우겨우 자리에서 일어나면

그때 비로소 열리는 아침
힘겨운 하루는 언제나 그렇게 시작되고
풀 수 없는 마법에 갇힌 양 덧없는 오늘 하루를 또 살았다

여전히 떠지지 않는 눈을 억지로 뜨고
여전히 움직여지지 않는 고단한 몸을 억지로 부려
차곡차곡 누각을 짓듯이 찬란한 내 인생을 만들어 간다

엉터리

노래방 점수는 엉터리
제멋대로 나오는 순 엉터리

음정 박자 못 맞춰도
소리만 질러대면 점수는 100점

가수보다 더 잘 불러도
원하는 점수는 나오지 않네

가수와 음치도 구별 못 하는
노래방 기계는 순 엉터리

아무나 가수라고 뻥치고
힘찬 팡파르 함부로 터트리는

노래방 기계는 정말 엉터리

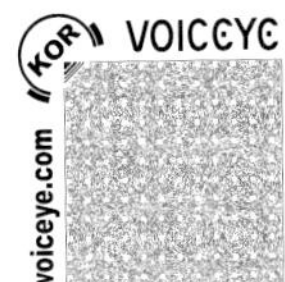

짠무

송송 썬 푸른 쪽파 머리에 이고
수도하듯 조용히 물속에 앉아
3개월 배인 소금물 우린다

짭짤해서 짠무라지
간간한 바닷물 맛 못내 그리워
겨우내 소금물에 삭힌 몸

길지 않은 시간 닦은 내공
하얀 속살 눈부시게 청아하고
담백해서 시원한 맛 입맛을 돋군다

큰 소리

할아버지 이발해드리는 날은
아버지에게 큰소리치는 날이다

90이 넘으신 아버지는 낫으로
봉분 주위를 깎으시는 것도 힘에 겨워하신다

오늘 네가 혼났다!
허허롭게 웃으시며 말을 건네시는데

예초기 잡고 내 멋대로 풀을 작살내던 나는
효도 아닌 효도에 부끄럽기만 하다

벌초 가는 날도 내 맘대로
집에 돌아오는 시간도 내 맘대로

낫질 외엔 아무것도 할 것이 없는 아버지는
오늘만큼은 큰소릴 치지 못 하신다

아직은 젊은 것이 힘이 되는 날
벌초하는 날은 아들 노릇 모처럼 제대로 하는 날이다

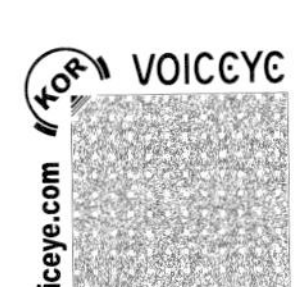

모순의 여운

모든 방패가
모든 창을 다 막을 순 없다

아무리 방패가 튼튼해도
찌르는 창을 어찌 다 견딜 수 있으랴

수문장이 있어도 골은 들어가고
자물쇠를 채워도 금고는 열리는 법

창을 막지 못한 방패를
나무라선 안 된다

상처를 내지 못한 창을
못났다고 비판해선 안 된다

방패는 막기 위해 있고
창은 찌르기 위해 존재한다지만

막지 못하는 방패도 있고
찌르지 못하는 창도 있다는 것을

우리 이젠 인정하며 살자
모든 것이 완전하고 완벽할 수는 없다는 것을

딴청

강아지 먹으라고 준 사료

참새가 날아와 먹고
쥐도 살금살금 먹고 가고
점 같은 개미들 떼로 몰려오고
정작 임자는 모르는 양 딴청만 부리고

그 꼴 지켜보는
나는 그만 애가 타서

애가 타서
발만 동동거리고

지각

반가운 비 오지만
너무 늦었다

기다리다 지친 마음
이제야 겨우 알았는가

모두 다 타버린 지금
이제서야 오는 너

고맙기는 하다 마는
이미 늦었다

꿀 같은 단비 되기엔
너무나 늦었다

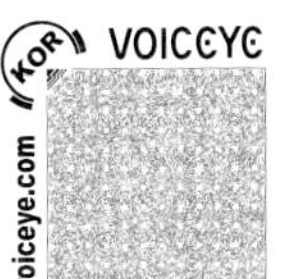

봄 이야기

눈에 잘 띄라고
빨간 넥타이 매었다
나이에 맞지 않아
망설이는 마음만 요란했다

파릇한 새봄 맞아
샛노란 넥타이 매었다
화사한 개나리처럼
마음의 꽃망울 활짝 피었다

거꾸로 도는 아침

대문 열고 마당에 나서자
새들의 합창 소리 상큼하게 들려온다

방사능비 내리는 무서운 아침에
새들은 아랑곳없이 노래한다

내리는 단비가 그저 반가울 뿐
방사능이라거나 재난 따위엔 관심도 없다

좀 더 많은 비 왔으면 싶은데
이것저것 온갖 나쁜 것 묻혀 올까 봐

학교도 휴교령 내리고 외출도 삼가라는
세상이 거꾸로 도는 이 아침

그래도 세상은 아름답다고 노래하는
저 고마운 참새들이 있어 그나마 살맛이 난다

참새 가족의 청아하고 싱그러운 지저귐이
오늘 아침 내 귀를 맑게 씻어 주었다

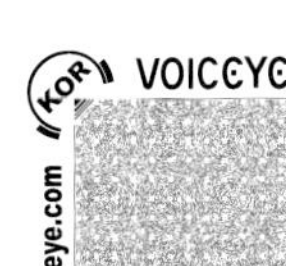

꿈속에서

꿈속에서 자꾸 사고 낸다
거리감이 떨어져 접촉사고 내고
타이밍이 늦어 난간 밖으로 추락하고
아찔한 사고 내는 게 한두 번이 아니다

하고 많은 사고 중에
왜 하필 꼭 교통사고뿐인지
그런 거 말고 다른 사고는 왜 없는지
이를테면 달콤한 핑크빛 연정 사고 같은 거

꼬이는 일도 없는 요즘에
사흘이 멀다 하고 차 사고만 거푸 난다
꿈이어서 망정이지 얼마나 아득하고 창피한지
더욱 조심해서 운전하라는 경고라 여긴다

나를 아끼시는 하늘의 고마운 보살핌이
이렇듯 꿈으로 나타나는 것이라면
이보다 더 다행스럽고 기쁜 일이 어디 있으랴
3월 하순 매운 꽃샘추위가 감미롭다

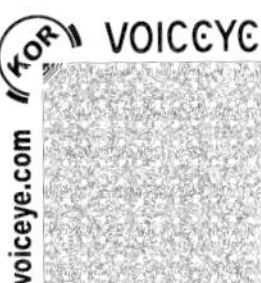
KOR
VOICEYE
voiceye.com

흑심

9호 태풍 무이파
한반도가 온통 쑥대밭

거리에는 사나운 비바람
가로수는 휘청휘청

긴 머리 저 아가씨
우산 잡기도 버겁구나

치마는 언제 뒤집히나
느닷없이 발동하는 호기심

흘리는 실웃음 속에
나도 몰래 슬그머니 커지는 눈

결단

그때 접었어야 했다
강호동처럼
남자답게 깨끗하게
물러났어야 했다

인연의 끈 아쉬워
놓지 못하고
마음도 식어버린 채
흐느적 이어왔다

칼 같은 결단으로
한 점의 미련도 없이
댕강나무처럼 뚝
부러졌어야 했다 그때

정 하나로

살다 보면 눈물 흘릴 일 많다
별거 아닌 일에도 눈시울 붉어지기 일쑤고
유행가 한 토막에 눈물 나기도 한다

50 중반을 치닫는 사람들이
해마다 초등학교 6학년 담임선생님을 모시고
동창회 해오다 은사님 돌아가시자
전라도 시골 고향까지 찾아가 잘 모시고 왔다는데

올 동창회날 그 사모님이 감사의 뜻으로
떡을 해가지고 포천 시골구석을 손수 찾아오셨다니
그 말을 듣고 있던 나는 너무 감동해
그만 그 흔한 눈물 또 찔끔 흘리고 말았다

졸업하고 나면 은사님 잊기 다반사고
어쩌다 한 번 모실 수는 있으나
해마다 꾸준히 모시기는 더 힘들고
돌아가신 뒤 장례까지 모시긴 더욱 힘든 일일 터

남편의 제자들 마음과 정성이 고마워
포천 청산까지 손수 떡을 해가지고
찾아오시는 사모님의 그 마음이 너무 아름다워
생각만 해도 고개 숙여지네 눈물 맺히네

세상은 아름다운 마음들이 이루는 것
서로 위하며 아껴주는 고운 마음들이 모여서
이 보잘것없고 차가운 작은 세상을
따뜻하고 넉넉하고 고운 세상으로 만들어 가는 것

누더기 한 벌

누더기 한 벌이란 말만 들어도
책을 보다가 그 글귀 한 번만 눈에 들어와도
나는 왠지 내가 작아지는 느낌이 든다

누더기라는 것이 뭔데
여러 벌도 아니고 겨우 한 벌일 진데
그깟 누더기가 그렇게 대단한 것도 아닐 진데

누더기 한 벌 걸친 사람 떠올리면
그토록 초라한 옷 당당히 걸치고 사는 사람 생각하면
작아지지 않는 것이 도리어 이상하지 않은가

삶을 다지면서

사는 일이 힘들고 고단할 때
일하다 김빠지고 매가리 없을 때
세상사는 재미 하나도 없다고 느껴질 때

가슴에 휑하니 찬바람만 불어올 때
살아갈 일 아득해 정신이 먹먹해져 올 때
아등바등 사는 자신이 불쌍하게 느껴져 올 때

그래도 나보다 못한 사람들 생각하며
이마저도 다행이다 싶어 안도라도 하면서
사는 게 누구나 다 똑같을 것이라고 위로도 하면서

인생이란 뭔가 씁쓸한 질문도 해가며
어떻게 사는 게 잘사는 건가 의문도 품으면서
그래도 착하고 올바르게 살아야 제대로 사는 거지 다지면서

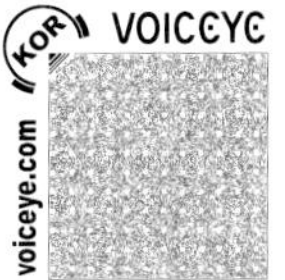

뿔난 바람

바람도 뿔나면 무섭다
온순하던 바람
어느 순간 돌풍으로 변했다

마른 낙엽들 서로 부딪혀 뒤엉키고
빛바래고 해진 솔잎파리들은
떼거리로 쓸려 다닌다

혼자 놀던 아이는 두 팔을 벌려
날개를 단 양 바람을 탄다
하늘을 나는 새가 되고 싶은가 보다

내려진 셔터가 덜컹거리고
매달린 현수막이 요란하게 울부짖을 때
하늘은 더욱 무겁게 가라앉는다

손님을 태운 택시 한 대
아무 일 없다는 듯 무심히 지나가는데
바람 저 혼자만 괜히 심술 났다

틈만 나면

틈만 나면
아버지 밭에 나가시고

틈만 나면
나는 책이나 붙잡고 있고

틈만 나면
아들은 서울로 줄행랑치고

틈만 나면
마누란 살림 걱정에 한숨짓고

틈만 나면
강아지는 늘어져 낮잠이나 자고

나를 눈물짓게 하는 노래 구절들

왜 서로를 사랑하지 않나
등이 휠 것 같은 삶의 무게여
보고 싶단 말도 한마디 전하지 못하고
지금도 흘러가는 가슴 속의 강
스승의 은혜는 하늘 같아서 우러러볼수록 높아만 가네
화랑 담배 연기 속에 사라진 전우야
널 널 널 사랑해
너무도 꼭 쥐어 꼬깃꼬깃해진 그대의 마지막 편지
이별은 끝나야 한다 우리는 만나야 한다
한평생 모진 가난 참아내신 어머니
너도 가고 나도 가야지
행복해야 한다 행복해야 한다 애비 소원은 그것 뿐이다
.
.
.
왜 서로를 사랑하지 않나

왜 서로를 사랑하지 않나

어이구야

몸매 빵빵한 아가씨 지나가니
어이구야

쌩~ 급격한 좌회전 차량 보고 있자니
아이구야

월드컵 축구 국가대표팀 네 번째 골 먹으니
어이구야

물건 맡긴 지 한 달 지나 찾으러 온 손님
어이구야

날은 덥고 손님은 없고 파리만 쌩쌩
어이구 어이구야

비 오는 풍경

우산은 하나
사람은 둘

빗속에서도
익어가는 사랑

무너지는 것들

수년을 입어온 반바지
여름만 되면 즐겨 입었던

엉덩이 부분이 쭉 찢어져
더 이상 입을 수 없다

세월의 힘 이기지 못하고
마침내 무너진 모습

얌전히 삭아서 스스로를
웅변하고 있다

세상에 해지는 것이
어디 너뿐이랴

세월을 이기는 것이
이 세상 어디에 있더냐

때가 되면 모두가
삭아지고 무너지는 것을

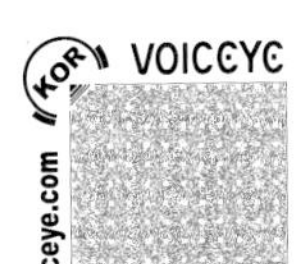

상사병

상사병 앓아 본 적 있으신가요
가슴이 아리다 못해 쩍쩍 금이 가는

전염성도 없어 혼자만 속으로
끙끙 앓아야 하는

얌전하지만 치료가 어려워
완치가 불가능한

누구에게 알릴 수도 없어
속으로만 시커멓게 멍들어가는

어떻게 보면 짝사랑과 비슷하지만
그보다는 강도가 훨씬 센

특효약이 아직 없어
걸렸다 하면 불치가 되는

진단은 있어도 처방이 어렵고
끝내는 수술도 할 수 없는

겉으론 멀쩡해서 아무도 모르지만
눈치 빠른 사람은 알기도 하는

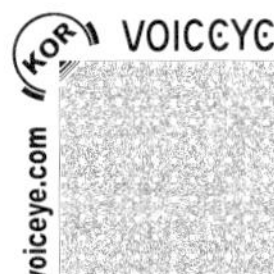

오 호 세상에, 고맙게도 그건 참새가 아니었다
참새를 쏙 빼닮은 마른 낙엽이었다
영락없이 속았다

2부
부서진 가을

감질

네 얼굴 조그만 사진으로 보려니
감질만 난다
컴에 입력시켜 놓고 크게 확대해서 본다
눈이 시원시원하다
가슴이 뻥 뚫리는 기분

라면 한 봉지 끓여서 둘이 먹었다
감질만 난다
얼큰한 라면 두 봉지 더 끓여
혼자 실컷 먹었다
이제야 겨우 살 것 같다

뜨거운 한여름 휴가라고 고작 이틀 쉬었다
감질만 난다
남들은 사오일에 일주일을 푹 쉬는 데
주말 이틀을 덤으로 더 쉬었다
그래도 여전히 미진하다

그리움

어느 곳에 간들 그리운 사람이 없으랴
어느 지방 어느 하늘 아래에도
가슴 속엔 늘 그리운 사람은 있나니
걸어서 가거나 차를 타고 가거나

날씨가 아무리 심한 변덕을 부려도
계절이 쉬지 않고 바뀌어가도
마음속엔 언제나 간절한 그리움
차곡차곡 쌓여 있나니

어디를 가도 그리운 마음 사라질까
때와 장소에 따라 그 무게 달라질리 없나니
언제나 한결 같은 마음
보고 싶은 마음 하나야 오늘도 보름달로 뜨나니

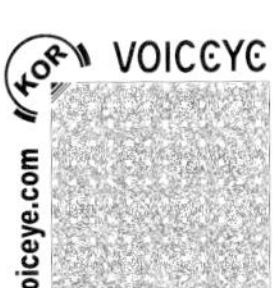

들뜬 인생

항상 들떠서 살았네
궁둥이 진득하게 붙이지 못하고
바람에 팔랑이는 깃발처럼
늘 흔들리며 살았네

늘 들떠서 살아왔네
뿌리 깊이 박힌 나무처럼
튼실하지 못하고
언제 뽑힐지 모르는 잡초처럼 살았네

확실한 주관과 가치관 없어
언제나 맥없이 부초처럼 떠 있었네
갈팡질팡 갈피 잡지 못하고
늘 변방만 끼고 돌았네

물에 뜬 기름처럼 둥둥
속으로 속으로 스미지 못하고
언제 걷힐지 모르는 불안한 상태로
지금까지 용하게 버티어 왔네

눈물이 많다

세계신기록으로 금메달 따며 우승하는
역도의 장미란을 보면서
눈시울 붉히고

전국노래자랑에서
꿈에 본 내 고향을 들으며 그 애틋함에
이슬 맺히고

선수보다 더 환호하며 기뻐하는
스태프들의 모습에서
감동 받으며 눈물 흘린다

최선을 다해 경기를 마친 뒤
스스로의 결과에 감사하며 감격에 겨운
선수의 따듯하고 진솔한 모습에
가슴 뭉클해 눈물 짓는다

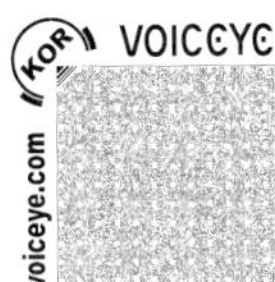
KOR
VOICEYE
voiceye.com

면장

구운 김 포장 하나
구순이 넘은 아버진 그걸 열지 못해
칼로 뜯으시려 하신다

새로운 것 쏟아져 나와
하루가 다르게 변해가는 무서운 세상
노인들에겐 너무 벅차다

먹고 싶어 먹은 나이도 아닌데
살아온 세월만 서럽다
눈물겹다

면장도 뭘 알아야 하는 것
도무지 알 수 없는 신기한 것들이
사람 마음을 끝없이 요지경 속으로 빠트린다

무간지옥

추워진 날씨에 멀리 피난 갔던 파리들이
경칩 지나 따스해진 날씨에
장난삼아 나들이 나왔다

아직 몸 덜 풀려 거동도 쉽지 않은데
이게 웬 날벼락인가
불시에 찾아온 불의의 일격

바깥세상 구경 조금 일찍 서둘러 나왔다가
졸지에 저 세상 황천길이라니
해도 참 너무 한다

죽음이 바로 코앞이라는 것을
예측은커녕 생각도 미처 못 했을 거다
꿈도 못 꿨을 것이다

이제야 알겠니
이 세상이 얼마나 위험한 곳인지를
무서운 놈들이 함부로 판치는 무간지옥인 것을

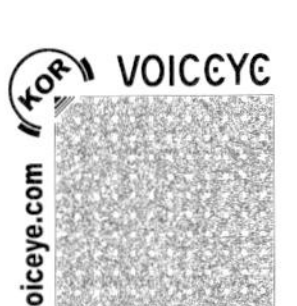

부서진 가을

바보 참새 한 마리
수많은 차 오가는 위험한 거리에
뽀로롱 내려앉는다

통통거리며 열심히 눈과 부리를 부려
먹이를 찾는다
이 거리에 잠시 평화가 깃든다

겁이 없는 건지 철이 없는 건지
차가 무섭게 달려와도 움직이지 않는다
날아가지도 않는다

죽음도 두렵지 않은 듯 참새는 꿈쩍도 않는다
쿡! 마침내 차가 짓밟고 간다
부서져 버린다

오호 세상에, 고맙게도 그건 참새가 아니었다
참새를 쏙 빼닮은 마른 낙엽이었다
영락없이 속았다

속절없이 무너졌던 가슴이
따사로운 가을햇살에 뽀로롱 힘차게 되살아났다
계절이 주는 감미로운 선물이었다

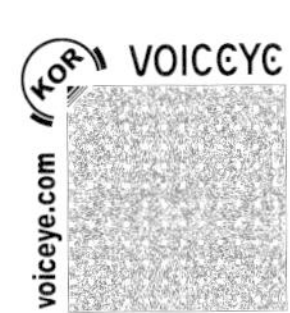

각오

때가 되면 늘 부대끼는 일이 경조사
사람 사는 일이 다 그렇듯이
기쁜 일도 있고 슬픈 일도 있다

몇 년이 가도 얼굴 한번 못 보고
전화나 문자 하나 주고받지 않았는데
이제 그런 경조사엔 참석지 않기로 마음먹었다

인간관계 끊어지는 일일지도 모르겠으나
마음 편히 함께 나누기도 어색한
그런 곳엔 굳이 가지 않겠다

그저 단지 어떤 인연이 있어 그 이유만으로
없던 소식 갑자기 전하는
그런 일은 나부터 하지 않겠다

공짜 바라는 마음

공짜 바라는 마음
누구에게나 있다

도둑질 안 해도
거저 생기는 것 좋아한다

공짜를 바라는 것
그게 바로 도둑 심보 아닌가

나에게도 있다
그런 도둑 심보 큰 보따리로

하나라도 더 얻으려 보채는
그러나 정말 버리고 지우고 싶은 그것!

진정한 시인

아는 식당으로 밥 먹으러 갔네
옛날 우리 집 다녔던 손님
지금은 두 아이 엄마

사진전 도록과 지난봄 펴낸
시집 한 권 선물로 주었네
이게 뭐냐고 미소로 반가워했지

식사 맛있게 다 먹고
이런저런 이야기 주고받은 뒤
밥값 계산하려 했더니

시집을 주워들면서 됐다고
이거 선물로 주셨는데
책도 못 팔아 드렸는데 괜찮다고

순간 내가 먹먹해졌지
이런 일 생길 것은 생각도 못 했는데
밥값 대신 시집 준 셈 되었네

그래 그럼 됐지
네 마음이 그러면 된 거지
한 끼 밥값 몇천 원이 대수겠니

내 선물 가치 알아줘서 고마웠지
눈시울 찡하게 고마웠지
나로서도 처음 겪는 고마운 답례

밥값은 밥값이고 선물은 선물인데
시집으로 밥값 대신할 줄 아는
네가 진정 시인이구나

시는 따스한 마음에서 오는 것
고마움 알고 감사할 줄 아는
그 마음이 바로 시지

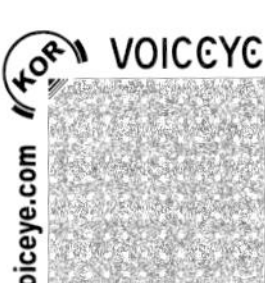

어떤 차이

수준이 안 맞아
같이 놀 수 없네

코드가 틀려
함께 어울릴 수 없네

마음이 안 맞아
손 맞잡을 수 없네

방향이 틀려
같은 길 갈 수 없네

생각이 달라
배가 산으로 가네

김칫국 먼저 먹기

먼저 먹은 김칫국이 얼마나 맛있는지는
먹어보지 않은 사람은 모른다

줄 사람은 생각도 하지 않는데
혼자서 즐긴 김칫국의 맛

그 맛이 어쩌면 참맛인지도 모른다
상상만으로도 즐겁고 신나고 행복한 꿈의 세계

먼저 먹은 김칫국이 현실에서 맞아 떨어질 때
인생은 새록새록 새롭게 피어나리라

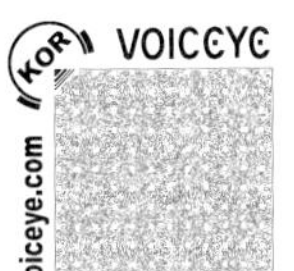

오소소한 떨림

까칠한 시멘트 바닥에 손등을 긁힐 때의
그 오소소한 느낌을 어찌 설명할 수 있으랴

삽으로 땅을 파다 돌을 찍을 때의
그 섬뜩함보다도 더한 그 으시시한 느낌이란

시간이 한참 지나도 사라지질 않아
한동안 손등과 가슴을 벅벅 기어 다니곤 했다

애벌레 한 마리

내 오른손
네째 손가락 세째 마디에
예쁜 애벌레 한 마리 자라고 있다

뽀송뽀송한 솜털
하늘 향해 곧추세우고
나방 될 때를 진득이 기다린다

지금은 낮잠을 즐기는 시간
미동도 하지 않은 채
무거운 침묵 속에 빠져 들었다

약지에 자라는 애벌레는
얼른 성충이 되기를 소망하지만
세월이 그때까지 기다려 줄지는 의문이다

꼬물꼬물 꼼지락거리는 것이
막 잠에서 깨었나 보다
내 오른손 약지엔 앙증맞은 애벌레 한 마리 산다

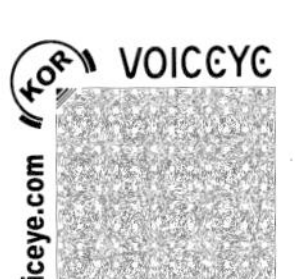

코가 꿴 삶

코뚜레를 꿴 송아지는 평생 끌려다니며 살아야 한다
본의 아니게 코가 꿴 사람도
이제 그 일에서 벗어나기가 쉽지 않다

코가 꿴 채로 평생을 사는 사람들이 있다
사랑에 코가 꿴 사람도 있고
빚에 코가 확실하게 꿰어 한없이 고단한 사람도 있다

어쩌다 코가 꿰어서 살 게 되었는지 모르나
빼도 박도 못하는 지경에 이르면
사는 일이 엄청 고단할 뿐 아니라 어지러워진다

단순하게 살아야 할 인생이 어렵게 꼬였다
코가 꿴 이상 끌려다니는 것은 이제 피할 수 없는 일
처음부터 피했어야 하는 일에 엮인 게 결정적인 요인이다

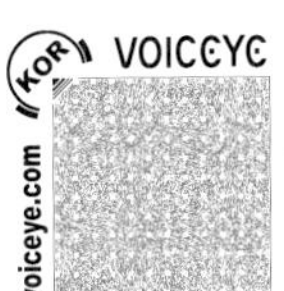

한 달에 한 번은

한 달에 한 번은
적어도 서너 달에 한 번쯤은
관광버스 타야 한다

우리나라에만 있을 것 같은
저 요란하고 어지러운
광란의 공간과 시간을 즐겨야 한다

맨정신으론 견디기 힘든
귀를 찢는 소음과 대책 없는 춤사위 속에서
차분한 수양 쌓아가야 한다

메아리도 동강동강 절단이 나는
끝없이 이어지는 저 빛나는 환희를 보라
저보다 더 즐거운 곳이 있을까

한 달에 한 번은
못해도 반년에 한 번쯤은
이런 열기 속으로 빠져봐야 한다

지친 몸과 마음을 달래줄
아찔하고 뜨거운 그 뭔가를 원한다면
기꺼이 저 눈부시고 들뜨는 관광버스를 타라

우울증 없이 살고 싶다면
쌓인 스트레스 한 방에 풀고 싶다면
그대여 망설이지 말고 무조건 관광버스를 타고 떠나라

유물

얼마나 인생을 땀 흘리며 살아왔는지
여실히 보여주는
아버지의 굵은 손가락을 본다

저것이 진정 유물이구나
툭툭 터지고 갈라져
손톱조차 부러지고 뜯겨져 나간

마디마디 마다 묵은 사연 녹아 있는
저 거칠어진 손가락을 보며
매끄럽고 고운 내 손가락을 비교해 본다

나는 내 아이들에게 어떤 유물을 보여줄 것인가
시답잖은 사진 몇 점과 시 몇 수
몸으로 이룩한 찬란한 역사는 없구나

변변한 유물조차 없는 내 삶
이제 어디에서 그것들을 구할 것인가
살아온 세월이 참으로 부끄럽다

물질만 아는 황금 만능 시대
돈이면 뭐든지 다 할 수 있다고 여겨지는 시대에
부모의 착한 삶을 이어가기엔 세상이 너무 척박해졌다

확실한 유물 하나 제대로 전하지 못하는 부모는
부모가 아닐지도 모르는 세상 되었다
누가 뭐래도 잘난 유물 하나쯤은 무조건 있어야겠다

잘난 사람

술만 마셨다 하면
옆으로 새고

고스톱만 쳤다 하면
외박하고

월급만 탔다 하면
딴짓하고

보너스만 나오면
허세 부리고

친구끼리 어울리면
잘난 첸 혼자 다 하고

명당

어떤 자리가 최고 명당자리 인가요

그거야
언제 어디서건

마누라 옆이 최고 명당자립죠

직선으로 너에게로 가마

뛰는 듯 걸어서 나는 듯 달려서

아무런 가식이나 꾸밈없이

있는 그대로 곧장 너에게 직선으로 가마

3부

말하지 않아도

시를 읽다가

시를 읽다가
눈물
흘렸습니다

시를 읽다가
눈물 흘리는 사람
몇이나 될까요

시를 읽다가
눈물 흘리는 지금
행복합니다

시를 읽다가
행복에 빠진 사람
여기 있습니다

시를 읽다가
행복에 빠지는 일
모두에게 가능한 일입니다

까부르기

뿌뿌
너도 까불러 버릴 거야

키에 담아서
높게 높게 까부를 거야

다시는 까불지 못하게
아주 세게 까불러 버릴 거야

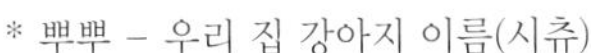

* 뿌뿌 – 우리 집 강아지 이름(시츄)

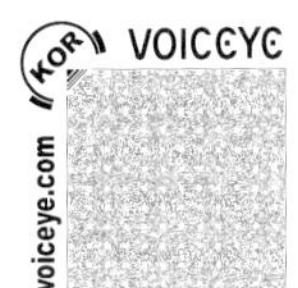

헛수고

우리가 하는 수고에 비해
얻어지는 열매는 얼마나 작은가

얼마나 많은 수고가 헛되이
허공으로 무참하게 날아갔던가?

하는 수고마다 헛수고가 되고 나면
돌아오는 건 허탈함과 무력감

세상은 헛수고로 이루어진다는 것을
지천명 넘어선 이제서야 알겠다

죽는 날까지 얼마나 더 많은 헛수고를
하면서 살아야 할지 아득하다

고생이 낙이 된다는 사실을 가슴에 새기며
모든 수고가 헛되지 않기를 바라며

우리의 삶이 비록 헛수고로 이뤄졌다 해도
부단히 땀 흘리며 착하고 정직하게 살아가기를

세상의 모든 헛수고는 모든 수고의 아버지
이 세상에 헛수고 없는 수고는 없다

직선으로

너에게 직선으로 가마
굳이 곡선으로 돌아가지 않겠다
굽은 길은 필요 없다
나에겐 돌아갈 시간이 없다

길 위에 버려지는 시간과
헛되이 사라지는 내 애달픔이 서러워
타들어 가는 마음 시들기 전에
단박에 너를 만나고 싶어

곱지 않은 네 눈길 애써 피하거나
짐짓 딴청을 부리면서
에둘러 돌아갈 이유가 없다
한시가 나에겐 급하다

직선으로 너에게로 가마
뛰는 듯 걸어서 나는 듯 달려서
아무런 가식이나 꾸밈없이
있는 그대로 곧장 너에게 직선으로 가마

그것도 휴가라고

그것도 휴가라고
겨우 집안에만 처박혀 있기를

그것도 남자라고
저보다 약한 자에게 주먹이나 휘두르며

그것도 사내라고
예쁜 여자만 보면 사족을 못 쓰네

그것도 교수라고
허구한 날 무지한 폭력만 행사하면서

그것도 인생이라고
자기 잘난 맛에 저만 알고 혼자만 잘 살면서

그것도 비라고
긴 장마 끝에 오는 둥 마는 둥 비실비실 내리면서

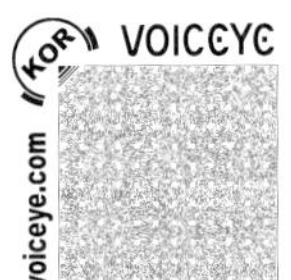

얼굴에게 미안하다

씻지도 않고 잔 날 많았다
이런저런 이유로

다음 날 아무렇지도 않게
얼굴을 씻고 하루를 시작했었다

어제도 그냥 쓰러졌다
아침에 세수를 하는데 갑자기

얼굴에게 미안하다는 생각이 들었다
미안하다 고맙다 얼굴아

그래도 내 간판인데
너를 너무 천대했구나 소홀했구나

다시는 그런 일 않으마
세상없어도 반드시 씻으마

하루 종일 나를 지키며
내 얼굴 알리려 무진 애를 썼는데

그럴 수는 없지 그래선 안 되지
무심했던 나를 용서해다오

제 얼굴 씻지 않고 자는 사람
세상에서 가장 게으른 사람이란 증거다

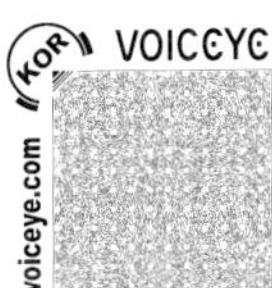

사는 동안

사는 동안
제일 좋은 것은
갖지 않으리

제일 좋은 차
제일 좋은 음식
제일 좋은 아파트

사는 동안
제일 좋은 것은
멀리하리

제일 좋은 옷
제일 좋은 사치
제일 좋은 세상구경

사는 동안
삼류라도 족하리
꼴등이어도 맑으리

말하지 않아도

빵~ 크랙슨 소리
날 부르는 너의 신호

말하지 않아도
통하는 세상

손짓 눈짓 없어도
고마운 사이

요란하지 않아도
오고 가는 정

따스한 마음끼리
정답게 모여 산다면

이 세상 얼마나 아름다울까
얼마나 좋은 세상일까

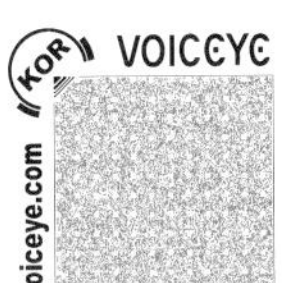

한에 대하여

이르지 못한 것에 한 갖지 않으리라
이루지 못한 것에도 한 갖지 않으리라
얻지 못한 것에 한 갖지 않으리라
오르지 못한 것들에게도 한 갖지 않으리라

지금까지 이루고 얻고 오른 모든 것에게
진정 감사하며 살리라
행복하다 여기며 살아가리라

가지 못한 길과 잃고 놓친 것에 대하여
아쉬워하지 않으리라
마음 상해하지 않으며 살리라

오로지 지금 살고 있는 모습에
진정 감사하며 살리라

숙제

우리에게 진실이란 말처럼
어렵고 무서운
말은 없다

삶을 살면서 언제나
한결같이 진실할 수 있을까
문득 칠흑 같은 의문이 들기도 한다

언제나 한결같이 진실하기
평생 풀어가야 할
삶의 숙제다

변명

처녀가 애를 낳아도
할 말 있다고

누구나 핑계는 있지
이런저런 이유도 많지

시집 한번 사보지 않고
시 한 줄 읽지도 않으면서

시를 쓴다고 하네
시인이라고 힘을 주네

마음만 있을 뿐
관심도 없고 열정도 없어

익은 감 꼭지 빠지듯이
아람 벌어져 떨어지듯이

어느 날 시가 저절로
툭툭 떨어지는 줄 알지

스스로 노력도 안 하면서
재주만 믿고 있지

염불보다 잿밥에 관심 많으면
참된 중이 될 수 없다네

꽃은 어느 날 저절로
맹탕 피는 것이 아니라네

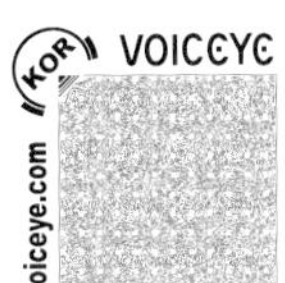

잔향

싫지 않네
여자 손님 다녀간 뒤 남은 분내

코끝에 잔잔하게 감도네
진하지 않은 은은하고 향긋한 내음

별나게 야하지 않아도 느낌으로 다가오는
여인만의 은근하고 매혹적인 향취

조금 지나면 사라질 보이지 않는 분향에 취해
잠시 잠깐 몽롱하게 보냈어도 좋아라

인생도 늘 이와 같이 향긋할 수 있다면 얼마나 좋으랴
한 여인의 자취가 남기고 간 달콤한 오전

여인은 모르리
그 향기에 한 남자가 폭 빠져있었음을

살살

조금만 살살 살자
길도 좀 살살 다니고
차도 조금씩만 살살 몰자

인생도 조금씩만 살살 산다면
거친 일 덜 생기고
복 받을 좋은 일 더 많이 생기리라

마음도 살살 다듬고
행동거지도 차분하게 살살 하고
추구하던 욕심도 조금만 살살 줄여보자

세상을 살살 살면 사는 재미없을까
급격하고 과격하게 살아야 살맛이 날까
세상이 재촉해도 조금만 천천히 살살 살아보자

이사 가는 백구네 가족

백구네 가족 이사 간다
1톤 트럭 짐칸에 실려 바람맞으며
엄마는 한복판에 앉아 있고
아기들은 철장 안에 갇혀서 실려 간다

어디로 가는 걸까
쌍꺼풀진 선한 눈매가
어딘지 모르게 불안해 보인다
올망졸망 강아지들 열심히 두리번두리번

어디인들 낯설지 않은 곳이 있으랴만
타향도 정이 들면 고향이란다
물설고 낯설어도 다 같은 세상살이
주인 따라갈 수밖에 없는 것도 너희 운명

지금 가는 이사가 너희 기억 속에
어떤 모습으로 남아 있을까
도로에서 잠시 스쳐 가는 인연으로 만난 백구네 가족
무탈하게 좋은 곳에 안착해서 평화롭기를

관심

예쁜 여자 하나 TV 속에서
이야기하고 있었다

관심은 오로지 얼굴뿐
그 외엔 아무 관심도 없었다

고운 네 모습만 보았을 뿐
이야기는 하나도 들리지 않았다

눈길 준 건 오직 얼굴과 잘빠진 몸매
다른 건 아예 보이지도 않았다

허튼 수작

수억 다루며 큰돈 만지는 사람들에게
몇만 원은 얼마나 우스울까

하늘을 마하로 날던 전투기 조종사
지상에서 시속 40킬로로 가면 얼마나 답답할까

수조 원 재벌 이야기들 보다가
서민들 푼돈 이야기 하려니 눈물이 난다

우리와는 다른 나라 사람들 이야기 하다가
우리네 서러운 백성들 삶 이야기 하려니 욕만 나온다

보고 싶은 얼굴

TV에서 보고 싶은 얼굴이란
노래가 나온다

보고 싶다고 해놓고도
보지도 못한 얼굴이 있다

한번 보자고 해놓고
그 말이 식기도 전에 지워진 얼굴

보고 싶었다는 말조차도
이젠 사치가 되어버린 그 얼굴

보고 싶은 얼굴이란 노래를
18번으로 만들 뻔했던 아픔 속의 그 얼굴

다시는 보고 싶다는 말
입 밖으로 꺼내지도 않게 만든 그, 그 얼굴

돈 통

돈 통 무시한 죄
그 죄로 돈이 멀다

열고 닫을 줄만 알았지
한 번 닦아준 적 없고

고생한다 빈말이라도
감사한 적도 없다

돈 들고 나는 돈 통
우습게 알았으니

돈 벌릴 리 없다
돈이 따를 리 만무하다

돈 못 버는 이유를
이제 확실히 알았으니

이제부터 신줏단지 모시듯
끼고 살아야겠다

열심히 닦아주고
늘 고맙다 인사해야겠다

헛물켜는 인생

헛물만 켜고 사는 것이 인생인지도 모른다
뭔가 잔뜩 기대를 품고 살지만
결국은 도로아미타불이 되고야 마는

들인 공도 보잘 것 없지만
나름의 기대와 바람은 있었는지라
크지 않은 실망도 뼈저리기는 마찬가지

세상엔 헛물도 켜보지 못한 가난한 인생 있으려니
그나마 작은 위안이 안 되는 것은 아니지만
씁쓸하게 머리 위를 맴도는 이 몹쓸 허전함은 또 무엇인가

털갈이

강아지 털갈이 하듯
우리 마음도 갈았으면

갈아서 새로운 세상
더 낫고 더 큰 세상 되었으면

굼벵이 허물 벗듯
우리 정신도 허물 벗었으면

벗어서 새로운 인간
더 착한 인간들 되었으면

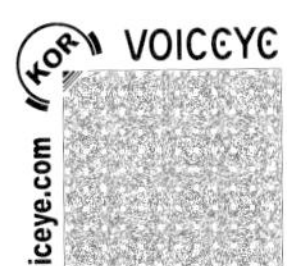

가슴에 작은 떨림이라도 전해줄 수 있기를

뜨거운 눈물 흘리지 않아도

두 손으로 꼭 잡고 놓지 않을 따뜻한 시집이기를

4부

미지근한 하루

삶

넘쳐서
자꾸 넘쳐흘러서
도무지 주체할 수 없어서

써도 써도
끝없이 자꾸만 써도
남아도는 걸 어떡하라고

그러니 더욱더
더 많이 쓸 수밖에
쓰다보면 그것도 중독된다니까

써보지 않았으면
말을 하지 마
모르면 그냥 잠자코 있어
그게 잘 사는 거야

어려운 세상

경제만 어려운 것이 아니다
살아가는 일도 어렵고
운전도 어렵다

정치가 어렵다고 한다
사랑하는 일도 어렵다고 한다
정을 주는 것은 더욱 어렵다고 하지

세상에 쉬운 일이 어디 있으랴
하루하루 살아가는 일
그저 숨만 쉬며 사는 것처럼 보여도

공기가 탁해서 코가 막히고
먼지가 가득해서 눈이 가렵고
소음이 심해서 귀에 딱지가 앉았다

일하는 것도 어렵고
직장 얻는 것은 더욱 어렵고
죽지 못해 사는 일은 더더욱 어려운 이 세상

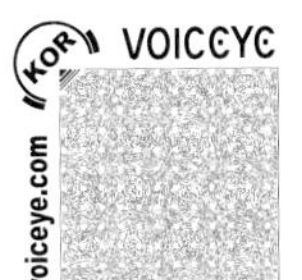

무간지옥 · 2

아니 이것들이 정말
사람 무서운 줄을 모르네

겁도 없이 바락바락 대드네
완전히 나를 멍텅구리로 아네

좀 조용히 살고 싶은데
자꾸 시비를 거니 어쩌면 좋노

참는 데도 한계가 있는 법
내 정말 참을 만큼 참았데이 억수로

이제 간다 나도 간다 성깔 낸다
마침내 파리채 부여잡고 징벌에 나선다

두 눈 부라려 크게 치켜뜨고
막무가내 인정사정없이 잡아들인다

아비규환 여기저기 피가 튄다
지옥이 따로 없다

복놀이

중복 날
동네 복놀이했다

수많은 목숨
공양으로 지워졌다

동물로 태어난 죄
뜨거운 몸 보시로 사죄했다

사람들 신바람에
태양도 후끈 달아올랐다

몸보신 잘했으니
이제 더 많이 먹어야지

남아나는 것
아무것도 없겠다

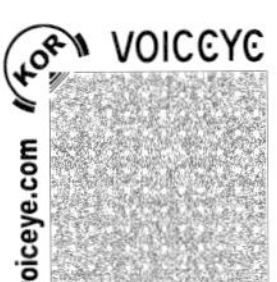

샐러리맨

오른쪽 어깨엔 서류가방
왼손엔 담배
오른손엔 종이 커피

한 손으로 담배 한 모금 빨고
또 한 손으로 커피 한 모금 마시고
발걸음은 종종종종

힘겨운 세상살이
담배 한 개비 피우기도 바쁘고
커피 한 잔 여유롭게 마실 시간도 없어

하나밖에 없는 입은 두 가지 일로
연거푸 빠끔빠끔 홀짝홀짝
무거운 발걸음에 죄 없는 가방은 흔들흔들

저 발걸음 즐거울까
저 입 행복할까 괴로울까
숙제처럼 메고 가는 저 가방 가벼울까

풀리지 않는 인생길
이 세상 천국은 어디 있나요
그대 발길 멈추는 곳 그곳이 바로 천국이라오

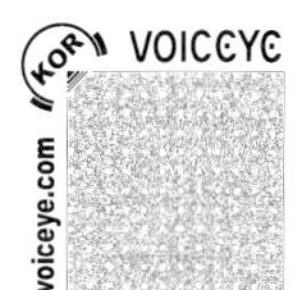

뷔페에서

오늘은 한 열 번은 갖다 먹으리
한번 배터지게 먹어 보리
작심하고 덤볐건만

겨우 두 번 갖다 먹고 나니
벌써 배가 남산이라
도무지 더 이상 들어갈 구멍 없네

과식은 미련한 짓
많이 먹어 좋을 거 하나 없지
무엇이든 지나치면 언제나 탈 나는 법

과식, 그것도 아무나 하는 거 아니다

인생은 추월이다

인생은 추월이다
남을 추월해야 앞설 수 있고
남에게 추월당하지 않아야 이길 수 있다

추월해서 앞설 때도 있고
추월당해서 뒤처질 때도 있지만
기를 쓰고 앞서나가야 하는 게 인생살이다

앞서 가는 자의 불안감이 그것이며
뒤쫓는 자의 조급함이 또한 그런 것이니
추월하느냐 추월당하느냐 오직 그것만이 숙제일 뿐

추월이 무엇인지 그런 따위는 알지도 못하고
그저 묵묵히 제 할 일 하며 굳게 사는
네가 진정한 승자로구나

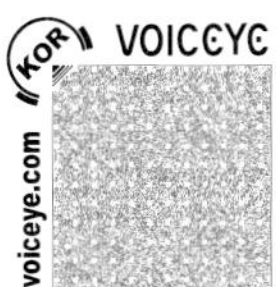

균열

어디서 날아왔는지도 모르는
돌조각에 맞아
차 앞유리에 작은 균열이 갔다

유리가 없었다면 얼굴에
결정적인 상처가 났을 것이고
더 큰 사고로 이어졌을 것이 분명하다

순간적으로 핸들을 놓치고
두 손으로 얼굴을 감싸지 않았을까 싶다
피가 낭자하게 흘렀을 것이다

한 치 앞도 모르는 인생
잠시 후에 어떤 일이 벌어질지 알지 못한다
나고 죽음은 오직 하늘만 아는 일

오늘 아침 나에게 있어 균열은 축복이었다
다시 한 번 깨달은 생명의 고귀함
모르고 있던 차 앞유리의 고마움을 비로소 알았다

늙어버린 역사

역사 깊다고 다른 것도 깊은 건 아니더라
역사 오래다고 자랑할 것 못 되더라
역사 길다고 힘 줄 것도 없더라

나이만 먹었을 뿐
네 살배기 아이만도 못 하더라
역사 빼고 나면 내세울 것 하나 없더라

세월 따라 바람 따라 그저 흘러만 갈 뿐
나잇값이 무언지 잊은 지도 오래
역사와 세월을 자랑하기엔 이미 너무 늙었다

마당엔 잡초들만 무성히 우거지고
날아와 노니는 나비와 잠자리 한 마리 없다
침묵 속에 잠긴 긴 어둠만이 기지개 켤 날 기다리고 있다

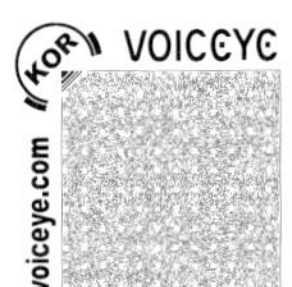

위대한 일꾼

음식배달 오토바이들
언제나 점심시간만 되면 정신없다
눈부신 대낮을 멋대로 유린하는 너로 인해
거리는 어지럽고 보고 있는 내 눈엔 불똥이 튄다

모양과 크기와 색깔은 달라도 이판사판
한 번이라도 더 뛰어야 하는 건 서로 마찬가지
주머니 채울 길은 오직 그 길뿐
그렇더라도 제발 무리는 하지 마시게

부지런한 저 오토바이들이 거리를 수놓을 때
우리의 허기는 채워질 것이고
그렇게 힘을 얻어 나라가 돌아갈지니
오, 장하다 오토바이여! 그대 진정 위대한 일꾼이로다!

가을 모기

물지도 못하면서
언저리만 맴돌고

빨지도 못하면서
앵앵 소리만 뻴줌하네

가을만 되면
모기는 서글프다

입이 삐뚤어져
제 일도 제대로 못하는

삭제를 위한 변명

통화 시간 점점 길어진다
할 말이 많이 생겼다는 이야기지
그만큼 관심도 늘어났을까

통화 시간 점점 줄어든다
할 말이 자꾸 없어진다는 이야기지
그만큼 관심도 식은 것일까

누구하고는 통화 시간 길어지는데
어떤 이 하고는 줄어만 가네
이것도 다 인지상정

마음 통하는 사람과는
저절로 통화 시간 길어지고
그렇지 못하면 통화할 이유도 없네

만나는 사람마다 통할 순 없지만
있던 관심조차 이미 사라지고 없는 사이라면
이제 등록된 번호 깨끗이 지워야 하리

너

생각만 해도 그냥 좋았다
지나가는 것만 보여도 괜히 기뻤다
희미한 너의 그림자만 있어도 마음 설레었다

얼굴 보이지 않고
설핏 목소리만 들려도 늘 심장 떨렸다
네가 있어 내 삶은 기쁨이었다

오늘도 너를 그리며 산다
만날 수 없어 가슴 깊은 곳에서 싹튼 안타까움
예쁜 꽃봉오리 하나로 맺혔다

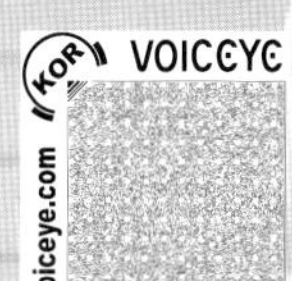

내 시집은

내 시집은 3류 독자용
격이 높은 사람들에겐 맞지 않는
이를테면 서민용이다

수준 높은 단어나 표현이 없고
우아한 시어라든가
상징이나 은유 같은 고상한 품격도 없어

이게 무슨 시집이야
읽다가 던져버릴 사람도 많겠지
그러지 않을 사람들이 더 많기는 하겠지만

그래도 그 속엔 따뜻한 손길과 눈길이 있고
한 번쯤 음미할 소중한 의미도 있고
하고자 하는 노래도 담겨 있지

한 사람이 백 번 읽는 시보다
백 사람이 단 한 번씩이라도 읽어주는 시이기를
모두에게 쉽게 다가가는 시이기를

가슴에 작은 떨림이라도 전해줄 수 있기를
뜨거운 눈물 흘리지 않아도
두 손으로 꼭 잡고 놓지 않을 따뜻한 시집이기를

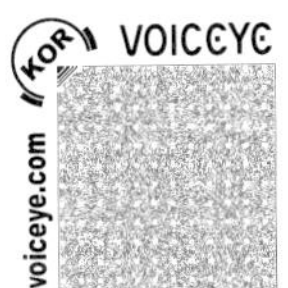

KO승

주먹 하나가 눈물을 준다
주먹도 눈물을 주다니

얄미운 일본 놈 쓰러트리는
통쾌한 주먹 한 방

뜨거운 박수와 환성
가슴엔 벅찬 감격의 눈물이

주먹이 이렇게 아름답다니
이렇게 큰 감동을 주먹이 주다니

* 윤형빈 선수의 KO승을 보면서…, 고맙다! 윤형빈! 정말 잘 했다!

외식

오랜만에 칼질을 했다
분위기로 먹는 집
한 끼의 호사

칼질 아무리 잘해도
생각나는 건
시원한 김치찌개

양식 일식 중식
제아무리 맛있어도
역시 우리 입맛엔 한식이 최고

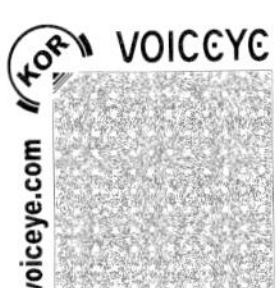

아버지의 손

금방 앞을 지날 때 생각났다
아, 금만 보며 사는 사람도 있구나
늘 보석 만지며 사는구나

어떤 사람은 매일 손이 터져라
거친 물건만 다뤄 지문도 없다는 데
나도 금방이나 차려야겠다

종일 번쩍이는 물건 다루며
깨끗하고 밝게 빛나는 곳에서 살면
마음도 얼마나 반짝거릴까

갈고 닦지 않아도 빛나는 건 없어
저것들도 매일 닦지 않으면 빛나지 않아
나는 얼마나 빛나는 존재일까

슬며시 고개 숙여지는 데
반짝인다고 다 금은 아닐 터
불현듯 거칠고 투박한 아버지 손 떠올랐다

달덩이

저기
웬 달덩이가
걸어오네

수줍은 듯
미소 지으며
사뿐사뿐

점점 더
둥그러지는
당신 얼굴

달덩이처럼
환하게
복스러워라

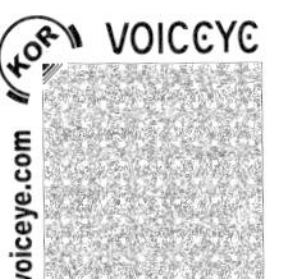

어떤 자존심

동지가 지나자
숨죽이고 있던 추위가
본격적으로 드세지기 시작했다

새해를 코 앞에 둔 시점
크리스마스도 이미 지났는데
몸서리쳐지는 추위가 설레발을 친다

그러거나말거나
겨울을 즐기는 사람들에겐
이까짓 추위는 도리어 더 큰 기쁨이 된다

아가씨들 미니는 오히려 더욱 빛나고
큰 맘 먹고 벼르던 강추위는
그만 자존심 상해 울고 싶어도 울 수가 없다

또 다시 처절하게
쓰라린 패배를 맛본 겨울은
사람들 기죽일 궁리에 빠질 게 뻔하다

절대로 그냥 물러설 만만한 겨울이 결코 아니다

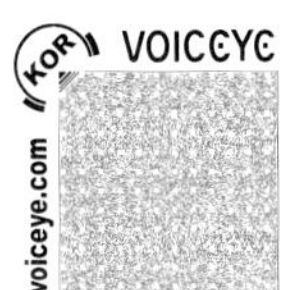

딴 세상

냇가에서 푸른 연기 모락모락
불 피우나 보다
조용하던 계곡마다 사람들 와글와글

고기 타는 냄새 진동하고
술 마시고 떠들어대는 사람들 소음으로
냇가 돌멩이와 나무들 모두 죽었다

물 흐르고 나무 우거진 곳이면
어디엔들 사람 없으랴
뜨거운 한여름 더위 잊기에 이보다 좋을 곳 없지

못난이가 따로 없는 세상
그 자리에 없다면 그게 바로 못난이
그런 바보 되기 싫어 기를 쓰고 나도 한자리 끼었다

놀라운 재주

나에게 남을 놀라게 하는 재주 있다
하는 일마다 깜짝깜짝
남을 놀라게 한다

자신도 미처 몰랐던
꼭꼭 숨어 있던 남다른 재주
지천명 넘어서도 식을 줄 모르는 끼

아무리 생각해도
납득하기 어려운 유별난 재주
부리지 않았으면 더 좋았을 그 잘난 재주

미지근한 하루

미지근한 물로
하루를 시작하였으니
오늘 하루도
미지근하겠구나

정신 번쩍 나도록
차가운 물로 시작을 해도
온전한 하루 만들기
쉽지 않을 터

미지근하게 시작한 하루
따끈할 무엇 있을까
기대나 희망은
안개처럼 사라지고

아침부터 김빠져
싱거운 하루 될까 두렵다
정신 바짝 차리고
금 같은 하루 가꾸어야겠다

반응

갑자기 배가 아픈 이유는
누가 잘 나간다는 앰한 이야기를
듣고 나서부터

새로 지은 5층 빌딩
수입이 월세로만 천여만 원
이제 돈 걱정과는 이별했다는데

그게 어디 나쁜일까
주변에 배 아픈 사람 수두룩할 터
세상 살기 더 힘들어졌네

느닷없이 작은 집 가는 이유는
배 아픈 반응이
너무도 빨리 찾아 왔기 때문이지

싫어

길에 떨어진 빈 깡통이나
주차장에 널브러져 있는 음료수통 같은
속 빈 채로 버려진 것들일지라도
함부로 밟기 싫어

차로 짓뭉개기 싫어
빠바박 으깨지는 소리 듣기 싫어
처참하게 으스러지는 그 모습 너무 싫어
부서지고 찌그러지고 깨져서 흩어지는 세상 정말 싫어

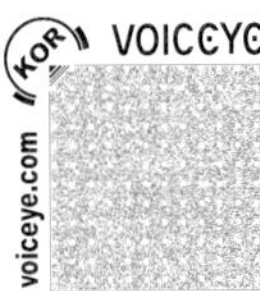
KOR
VOICEYE
voiceye.com

갑돌이와 갑순이

어쩌면 우리가
갑돌이와 갑순이였는지도 모른다

노래로만 알았던 그 멍청하고 순박한
시골뜨기 갑돌이와 갑순이

가만히 지난 세월 돌이켜 보면
우리도 서로에게 마음은 있었는지도 모른다

갑돌이와 갑순이는 바로 너였고 나였다
옆에 있으면서도 모르고 살았다

우리가 서로를 사랑한 사이는 아니었기에
갑돌이와 갑순이라 여기지 않았을 뿐

마음속으론 어쩌면 서로를 간절하게
그리워하고 있었을지도 모른다

주위의 눈이 무서워
다른 이들의 오해가 두려워

모르는 척 시치미 떼고 아닌 양
눈치 없이 겉으로만 맴돌았던 건 아닐까

마음은 있었으면서도 모른 척했었나 보다
너무 안타까워 지금까지도 잊지 못하고 있나 보다

코앞의 현실

할아버지 되는 일도 이제 멀지 않았다
남의 일인 줄로만 알았더니
어느새 코앞에 닥쳤다

이미 할아범 할멈 된 친구들
주변에 수두룩하다
나도 그럴 날 이제 몇 년 안 남았다

인생 짧다는 게 진실로 다가오고
일장춘몽이라는 말을 가슴으로 깨달을 때
사는 일은 더욱 절실해진다

지금까지 살아온 날보다
앞으로 살아갈 날들이 많지 않다는 사실은
인생의 소중함을 되새겨보게 한다

나를 보다 겸허하게 다스려 준다

호사

나무로 깎아 만든 할아버지
허름한 옷차림에 상투를 높게 틀고
툭 불거진 배 드러내놓고 뒷짐 젊잖게 지고선
입가에 알듯 모를 듯 흐뭇한 미소 마냥 짓고 계신다

한 치 발 앞에 긴 머리 늘어트린 채
부끄럼 없이 벌거벗고 서 있는 전신 누드
서양 여인의 탐스러운 궁둥일 보고 있기 때문이지
내가 지켜보고 있는 것을 알면서도 그저 마냥 마냥 좋아서

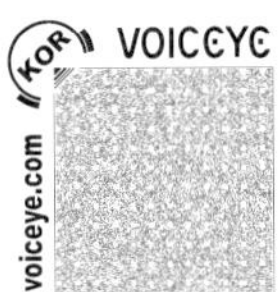

국립중앙도서관 출판예정도서목록(CIP)

거꾸로 도는 아침 : 사진과 시로 들려주는 꿈을 찍는 사진쟁이의 소소한 이야기 / 글사진: 강돈희. -- 서울 : 담장너머, 2016
p. ; cm. -- (강돈희 시집 ; 6)

제작비 일부는 포천시 지원금을 받았음
ISBN 978-89-92392-42-6 03810 : ₩10000

한국 현대시[韓國現代詩]

811.7-KDC6
895.715-DDC23 CIP2016000361

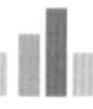

Over a Wall Poetry
23

인지생략

거꾸로 도는 아침

2016년 1월 10일 초판 1쇄 인쇄
2016년 1월 16일 초판 1쇄 펴냄

글사진 | 강돈희
펴낸이 | 송계원
디자인 | 송동현 정선
제　작 | 민관홍 박동민 민수환
펴낸곳 | 도서출판 담장너머
등　록 | 2005년 1월 27일 제2-4102
주　소 | 100-272 서울시 중구 퇴계로36나길 19-13, 105호
전　화 | 02-2268-7680, 010-8776-7660
팩　스 | 02-2268-7681
이메일 | overawall@hanmail.net
카　페 | http://cafe.daum.net/overawall

ISBN 89-92392-42-6 03810
값 10,000원

* 파본은 본사나 구입하신 서점에서 교환해드립니다.
* 이 책의 제작비 일부는 포천시 지원금을 받았습니다.

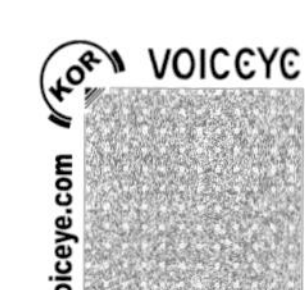